SECONDES RÉPONSES

DE MADAME DE SAINT-VINCENT,

Aux Observations réformées & imprimées, & au
Poſt-ſcriptum de M. le Maréchal de Richelieu.

L E s *Obſervations* manuſcrites que les Gens-d'Affaires de M. le Maréchal avoient remiſes aux Magiſtrats étoient ſi peu réfléchies, que les Réponſes de
Madame de Saint-Vincent les ont forcés de les mettre
à la correction. Elles paroiſſent imprimées ſous le
même titre, avec un *Poſt-ſcriptum* honoré de la ſignature de M. le Maréchal ; mais toujours avec le myſ-
tere de ne les diſtribuer que ſecrétement, dans l'eſ-
pérance d'éblouir & d'en impoſer aux Juges.

Puiſque M. le Maréchal refait deux fois le même
ouvrage, il trouvera bon qu'on lui faſſe double réponſe, & que les Défenſeurs de Madame de Saint-
Vincent ne s'effarouchent pas du ton cynique de ſon
Intendant, l'ouvrier du coloſſe de Procès qu'il a en-
trepris aux dépens de ſon maître.

Ce Greffier du Châtelet, qui ſait que la plainte

A

en fubornation de témoins le touche de près, croit en être quitte en alléguant qu'elle n'eft fondée que fur des faits *vagues & généraux*; cependant tous ceux qui s'y connoiffent les ont trouvés bien circonftanciés ; vingt témoins font en état d'en dépofer : le nombre en augmentera par la publication des Monitoires.

« On n'ofe pas [dit Marion] accufer directement » M. le Maréchal de Richelieu de ces imputations » odieufes. » Ne fe reffouvient-il plus qu'il a recommandé aux Confeils de Madame de Saint-Vincent de refpecter les dignités de ce Seigneur fous peine d'être traités en fcélérats? Ils n'avoient pas befoin de la leçon de cet Intendant ; ils fe font fait un devoir de ne s'écarter en rien des égards & du refpect que mérite M. le Maréchal. Ils favent même, que fi Marion fe fût exactement conformé à fes ordres, il n'auroit pas donné le fcandale d'une procedure qui outrage l'une des plus illuftres Maifons du Royaume, dont la fageffe éprouvée valoit bien la peine de s'en remettre à fa décifion. Eh, qui peut douter qu'elle n'eût éteint l'incendie, fous quelque point de vue qu'elle eût envifagé les billets vrais ou faux ?

Si M. le Maréchal les a fignés, remis & envoyés, comme toutes les vraifemblances le perfuadent, M. le Préfident de Saint-Vincent a trop de délicateffe de fentimens pour avoir fouffert que fon époufe reçût des libéralités honteufes, fruit de l'entreprife de M. le Maréchal, qui l'avoit enlevée de force à fes parens dans le tems malheureux où ils n'avoient plus la liberté de s'en plaindre & d'en demander juftice.

Si au contraire les billets ont été falfifiés à l'Hôtel de M. le Maréchal pour tromper une femme facile à croire tout ce qu'on lui promet ; & encore plus s'il y avoit des preuves qu'elle fût l'auteur de cette indigne fabrication, avec quel empreffement un Magiftrat vertueux dont la candeur & l'équité font les tréfors, ne fe feroit-il pas jetté entre la mere de fes triftes enfans & l'ennemi dangereux, qui n'avoit brifé les portes de fa retraite que pour la conduire par la mifere, par le défefpoir, aux peines qu'il ne craint pas de folliciter avec une fureur qui fait frémir la nature ?

Selon le Droit Romain, l'action noxale s'accorde contre celui qui eft la caufe premiere du dommage caufé. S'il a donné la liberté à un être quelconque, que l'on avoit eu foin de renfermer ou de mettre hors d'état de nuire, il eft garant de droit, du préjudice que les autres en fouffrent par fon imprudence. Ainfi quand on fuppoferoit que Madame de Saint-Vincent, enlevée des Couvens de Millau & de Tarbe, où la prudence de fes parens l'avoit confignée, auroit abufé d'une liberté fatale, en commettant un faux ou d'autres crimes, M. le Maréchal en feroit civilement refponfable ; & fi c'étoit à lui-même qu'elle eût caufé quelque dommage, il feroit nonrecevable à s'en plaindre. Mais quel tort lui a-t-elle fait ? Qu'on fuppofe, contre toute évidence, qu'elle eût fabriqué des billets fous fon nom, que tout Paris en pût dépofer *de vifu*, qu'ils euffent paffé en dif-

4

férentes mains par le négoce ; M. le Maréchal en recevoit - il le plus léger préjudice s'il ne les payoit pas ? Il devoit attendre que les billets lui fuſſent préſentés ; la regle de tous les Tribunaux lui fourniſſoit ſa défenſe ; il pouvoit avouer ou dénier ſa ſignature : c'eſt au porteur du billet d'en pourſui-vre la vérification ; ſans quoi le prétendu débiteur eſt renvoyé , avec dépens. Si moins tranquille , il ne s'en tient pas à ſa dénégation , & que la chaleur l'emporte à s'inſcrire en faux incident , le ſecond titre de l'Ordonnance de 1737 lui trace la route & les ſolemnités dont il ne peut s'écarter.

Mais qu'à la premiere alerte M. le Maréchal mette une cohorte en mouvement, dix maiſons au pillage , fonce à mains armées chez une femme de qualité , la jette dans la foſſe aux lions , & ſe glorifie de lui avoir fait peur ; le triomphe eſt-il digne d'être célé-bré par des volumes de brochures dont on a farci les caffés & les carrefours ?

Cette imprudence du manuſcrit de Marion , que *l'opinion des Juges eſt déjà fixée ſur cette affaire* , ayant plus indigné que perſuadé , il en a fait cette verſion dans ſon imprimé : « C'eſt inutilement que Madame
» de Saint-Vincent ſe flatte d'en impoſer par de nou-
» velles *atrocités*. Le moment d'illuſion eſt paſſé ; elle
» eſt maintenant démaſquée. *Les petites reſſources* des
» grands criminels, *ces plaintes en ſubornation*, ſont
» aujourd'hui un moyen trop décrédité, par l'abus
» qu'on en fait pour ſéduire *& inquiéter* les Magiſ-
» trats & le Public. *Les premiers Juges ont déjà an-*

» *noncé* l'attention que méritoit ce dernier effort de dé-
» fefpoir. Madame de Saint-Vincent prétend fe dé-
» dommager du rejet définitif qu'elle prévoit, en fai-
» fant imprimer une plainte, *qu'elle auroit eu le plus*
» *grand intérêt de tenir fecrete*, fi elle avoit pu efpérer
» de la faire admettre.

1°. Appeller *petite reffource*, une plainte en fubor- *Réponfes.*
nation de témoins : *rifum teneatis ?* Où eft-il écrit,
fi ce n'eft dans le libelle du bouillant Marion, que
ce foit un moyen décrédité? Il ne cite aucuns Arrêts
ni Auteurs qui foient de fon avis. Madame de Saint-
Vincent, au contraire, en indique trois, dont l'un
en forme de réglement : celui de l'affaire de Rennes
eft tout recent.

2°. Si c'étoit une petite reffource, un moyen
décrié, il feroit incapable *d'inquiéter* les Magiftrats
& le Public, que le crime de fubornation ne re-
garde pas; mais puifque Marion convient que quelqu'un doit en être inquiet, il ne faut point re-
courir à la magie pour le connoître & le nommer.

3°. La jonction de la plainte, au mépris des Arrêts de réglement, ne fera jamais un préjugé; ce
n'eft qu'après ce déni de juftice que Madame de
Saint-Vincent a fait imprimer fa Requête ; elle
n'avoit nul intérêt de la tenir fecrete, elle ne pouvoit l'être que pour les Accufés; mais tous les
Gens d'affaires de M. le Maréchal en avoient pris
lecture par le crédit de Marion, Greffier, & puif-
qu'ils fe font permis d'imprimer les interrogatoires

(même avec infidélité) & que M. le Maréchal n'a pas diffimulé que fes Défenfeurs avoient eu en leur pouvoir toutes les pieces de l'inftruction, dont fes Mémoires copient les uns, donnent l'extrait des autres, en indiquant les liaffes, les numéros & les pages, il eft plus qu'étonnant qu'on reproche à Madame de Saint-Vincent d'avoir rendu publique fa propre Requête, qui fans être répondue d'une permiffion d'informer, n'eft jufqu'à préfent, qu'une défenfe à l'ordinaire.

On fent bien ce qui fâche les Gens d'affaires de M. le Maréchal; ils vouloient avoir la liberté de fuborner des témoins à leur aife, fans qu'on eût celle de réveler ce myftere d'iniquité : « *un crime*, difent-» ils, *ne fe commet point fans intérêt; jamais un Ac-* » *cufateur ne fera foupçonné d'avoir fuborné* DES TÉ-» MOINS DONT IL N'A PAS BESOIN.... tels que » Me Dumoulin, Notaire de M. le Maréchal, Dou-» main, fon ex-Sécretaire, les quatre honnêtes fem-» mes de Poitiers, le Marchand Nerbonneau », (qui n'a pu contenir le tranfport de fa joie, *d'avoir reçu cent louis pour la vente de fon témoignage*).

[*] Page 5.　　» Ceux-là, continue Marion, [*] connoiffant l'art » de Madame de Saint-Vincent à commettre le faux, » *font les feuls qui puiffent fervir à quelque chofe* » *dans l'affaire; mais ils ne font pas plus néceffaires* » *que les premiers* « (qui ne dépofent que de faits étrangers à la plainte) » *fi le faux par elle pratiqué* » *eft démontré d'ailleurs, par l'infpection des pieces* ».

Réponfes.　　1°. Ceux qui entendent le françois, n'auront pas peine à fe repréfenter Marion à genoux , les mains jointes, qui demande grace de la fubornation, & conjure de ne pas permettre d'en informer, par la raifon tranchante que M. le Maréchal *n'ayant pas be-foin* de témoins fubornés, eft fans intérêt pour les conferver; ils ne font pas *néceffaires* à la preuve du faux des billets & des lettres (dont effectivement ils n'ont pas dépofé & qu'ils ne pouvoient connoître); *l'infpection feule* des pieces fuffit, felon l'Intendant, pour convaincre de leur falfification.

2°. CE lâche-pied n'étant pas honorable , on a fait ajouter après l'impreffion une note italique pour en couvrir la honte , en déclarant que, quoique les témoins de Poitiers, Me Dumoulin & Doumain., foient *furabondans*; *M. le Maréchal n'entend nulle-ment fe départir de l'avantage de l'accumulation des preuves teftimoniales*; *qu'il fe réferve expreffément tous fes moyens*, POUR EN PROUVER EN TEMS ET LIEU, LA VÉRITÉ ET LA LIBERTÉ. Nous voilà donc revenus, à la preuve de la fubornation que M. le Maréchal confent, quelqu'*inquiétude* que fon Intendant en con-çoive; Madame de Saint-Vincent, de fon côté, n'a garde de s'oppofer à la réferve, *de prouver en tems & lieu la vérité & liberté* des dépofitions qui leur coûtent fi cher; elle en conclut qu'ils ne font pas perfuadés que *l'infpection feule des billets & des lettres en prouvent le faux* : fi cela étoit, fe feroit-on livré à la peine & à la dépenfe énorme d'aller féduire des témoins à cent lieues du coup d'œil de la Juftice ? Se donneroit-on tant de mouvemens inquiets pour traverfer une voie de droit, ranimer toutes les forces du crédit de M. le Maréchal pour lutter contre *une petite reſſource*, & corſerver des témoignages faux, *dont on n'a pas beſoin ?*

3°. S'il étoit vrai que *l'inſpection ſeule* des trente-quatre pieces arguées en prouve le faux, M. le Maréchal en auroit-il cherché la conviction dans les bouches de ſoixante-dix témoins, & des milliers de rôles d'interrogatoires ? S'il eût réduit le procès à ce point de préciſion, ſa déroute étoit certaine ; tous ceux qui ont vérifié les écritures & ſignatures les ont reconnu, juré & atteſté véritables : M. Dumoulin, Notaire de M. le Maréchal, Doumain & Caron ſes Sécretaires, Sube ſon Contrôleur, Marion lui-même, le ſieur de Preville, Me Gueſpreau, ſon gendre, le ſieur de Vedel, accoutumé à voir le lettres de M. le Maréchal, Me Quinot Avocat de Ruby, l'Abbé Froment, & une multitude d'autres.

4°. Si M. le Maréchal n'avoit pas ſigné les billets, ou s'ils n'étoient point ſignés *par un homme accoutumé à imiter ſon écriture*, comme s'en expliquent ſes Experts, ou d'appoſer une griffe, auroit-il commencé par ſaccager & fourrager dix maiſons, fouiller dans les poches, armoires & ſecrétaires de dix Citoyens connus, emporter tous les papiers, titres, lettres, billets, effets, juſqu'à des fragmens, & à la caſette du Duc & de la Ducheſſe de Mellefort ? Auroit-il, de ſon autorité privée & ſur une ſimple lettre miſſive de ſa main, du 12 Juillet, fait ouvrir la Baſtille pour y jetter Madame de Saint-Vincent & Bennavent, comme s'ils euſſent été prévenus d'at-

tentats

tentats contre le Roi ou l'Etat? Auroit-il érigé de sa toute-puissance un tribunal militaire & despotique, composé du Commissaire Chenon, de son fils, d'escouades du Guet & des Valets de la Police? Auroit-il nommé pour Experts-Vérificateurs de sa signature *Guillaume & Paillasson*, si dévoués à sa famille? Forcé de retirer de la Bastille les deux premieres victimes de ses persécutions, parce qu'il n'y avoit point d'ordre du Roi pour les y conduire, les auroit-il fait garder dix-huit jours en chartre-privée, en attendant que sur une plainte vague, il eût surpris des décrets d'un Lieutenant-Criminel trop complaisant? Auroit-il affecté d'impliquer dans son accusation les témoins qui l'avoient confondue d'avance, en faisant décréter *Canron* son Sécretaire, *Subé* son Contrôleur, la veuve *Leroy*, *les sieurs de Vedel*, Abbés *Froment*, *de Villeneuve - Flayosc*, *de Trans*, *de Preville*, *Ruby*, & en retenant en prison *Doumain*, autre Sécretaire, par le seul motif qu'ils certifioient la sincérité des signatures, & qu'ils étoient en état d'en déposer? Auroit-il réitéré les appositions de scellés, les pillages des lettres, billets & papiers dont il étoit déja rétentionnaire? Auroit - il souffert que ses Gens d'affaires répandissent l'or à pleines mains pour corrompre des témoins, se saisir des Greffes du Châtelet, de toutes les pieces & procédures de l'instruction, de les rendre publiques par la presse, pour faire une explosion dans tout Paris, fasciner les yeux, étourdir les oreilles & en imposer aux esprits superficiels? Auroit-il employé tout son crédit pour s'opposer à la défense naturelle des innocens qu'il opprime, en faisant menacer les Procureurs de Madame de Saint-Vincent, celui du Châtelet, d'un décret, celui du Parlement, de le faire interdire ?

3°. Depuis la plainte en subornation, quelles tentatives n'a-t-on pas faites pour séduire *Bennavent* par des promesses semblables à celles de Doumain ? Un particulier a été chargé d'aller solliciter Bennavent de rétracter ses interrogatoires, & d'y substituer des calomnies contre Madame de Saint-Vincent ; de l'accuser d'avoir fabriqué les billets & les lettres, en lui protestant *que M. le Maréchal lui procureroit sa liberté, auroit soin de lui & le protégeroit en toutes occasions.* La réponse, que Benavent étoit trop honnête homme pour s'abandonner à cette lâcheté, n'a point ralenti le zele des solliciteurs. Ils ont envoyé un homme & une femme à la prison, pour presser Benavent, & lui faire les plus vives instances de se démentir, & de rendr e à M. le Maréchal un service dont il seroit largement récompensé.

Les refus persévérans & réitérés de vendre son ame, son honneur & sa probité pour trente deniers, ont attiré à Bennavent de nouvelles persécutions. Menacé d'être retenu dans les fers, lorsque la Cour aura jugé son innocence & prononcé sa liberté, il en a versé ses larmes au pied du Trône. Son Placet adressé au Roi, & remis à tous les Ministres, paroîtra sans doute aux yeux de la Cour ; elle y verra avec frayeur à quoi les Sujets du Roi sont exposés, quand la conscience ne leur permet pas d'obéir en esclaves à M. le Maréchal.

4°. Le fait des cent louis remis à Nerbonneau eſt auſſi poſtérieur à la plainte. En voici un autre. Les Gens-d'affaires de M. le Maréchal ne ſachant qui pouvoit informer Madame de Saint-Vincent de pareilles intrigues, en ont ſoupçonné un Inſpecteur de Police : il a été mandé, menacé d'être deſtitué & pourſuivi extraordinairement. Que l'on juge à préſent ſi les auteurs de tant de manœuvres ſont *inquiets* de la preuve. Les Magiſtrats ne pourroient l'être qu'en la refuſant. C'eſt ce que Marion avouoit ſans détour en s'exprimant ainſi dans ſon manuſcrit : *Tout le mérite de l'accuſation de M. le Maréchal ſe trouvant dans les dépoſitions des témoins, la religion des Juges peut être alarmée de n'en pas diſcuter la véracité avant de perfectionner une Inſtruction, qui par l'événement pourroit porter à faux.* Ce raiſonnement étoit dans l'ordre de la raiſon & de l'équité : Marion qui en a ſenti la force, l'a ſupprimé dans ſa brochure, & y ſoutient au contraire qu'une plainte en ſubornation de témoins n'eſt *qu'une petite reſſource décréditée, pour inquiéter les Magiſtrats & le Public* ; que les dépoſitions des témoins ſubornés *ne ſont pas néceſſaires* ; *que M. le Maréchal n'en a pas beſoin, le faux étant démontré par ailleurs* ; *que l'inſpection des pieces manifeſte le contretirememt à la vitre.* Fort bien. Mais qui eſt l'auteur de ce contretirement, s'il eſt *manifeſte* ? Ne feroit-ce point vous, Marion, ou tout autre *homme de M. le Maréchal, accoutumé* (diſent vos Ex-

perts) *à imiter son écriture & signature ?* Fixez-vous
à ce point décisif ; prouvez que c'est Madame de
Saint-Vincent qui a contretiré douze signatures,
douze *bons pour*, & vingt-deux lettres que vos Mémoires comptent au lieu de dix-neuf. Vous ne le pou-
vez plus par le secours de vos témoins de Poitiers,
puisque vous les abandonnez, & faites semblant de
croire qu'ils ne sont pas nécessaires, afin de vous souf-
raire adroitement à la preuve de leur subornation.

*Page 6.   Les Observations supposent * qu'il y a deux gen-
res de preuves du faux, les unes *physiques*, les autres
morales. On va démontrer que Marion n'est pas plus
physicien que moraliste.

   « Des signatures des douze billets, huit sont [dit-
» il] évidemment calquées sur le même type, &
» quatre sur un modele différent : en les appliquant
» l'une sur l'autre, elles se couvrent, & n'en laissent
» appercevoir qu'une. La signature de la lettre pré-
» tendue écrite à Bennavent par M. le Maréchal,
» trouve son type dans la classe des quatre billets ;
» *mêmes dimensions dans les longueurs, distances des*
» *mots & hauteur des lettres* qui composent ces treize
» signatures.

Réponses.   1°. Si ces assertions sont exactes, elles ne prouvent pas que les signatures ont été calquées à la vitre,
mais plutôt qu'elles sont l'empreinte d'une *griffe* ou
d'une *estampille* ; & ce n'est pas Madame de Saint-
Vincent qu'on en peut accuser. Ajoutons que pour
justifier l'*évidence* du calcage à la vître, il faudroit
rapporter le type même sur lequel les signatures ont

été peintes; en prendre les dimenſions ſi bien meſu-
rées , que l'œil ne pût s'y tromper. M. le Maréchal
a fait enlever par le Commiſſaire Chenon, la plus
grande quantité des lettres qu'il avoit écrites à Madame de Saint-Vincent; il en a imprimé quelques-
unes, il en avoue quinze du nombre de celles dont il
a contraint le dépôt. On y a cherché le prétendu type ſans le trouver : donc (s'il exiſte) il ne peut être
que chez M. le Maréchal, ou dans ſa propre main.

   2°. Il eſt impoſſible qu'une perſonne qui calque à
la vitre ſuive les traits d'une écriture étrangere avec
tant de juſteſſe, que les lettres, leurs diſtances, leurs
hauteurs & leurs longueurs ſoient auſſi exaĉtes que
les caraĉteres d'imprimerie. Quelque ſûre que ſoit
une main, elle vacille toujours quand la perſonne
eſt debout, dans une attitude incommode, & que
ſon écriture ſe fait en l'air; ſes lettres plus longues
ou plus courtes que ſon modele, n'auront jamais
une parfaite reſſemblance. On conçoit au contraire
qu'un homme habitué à ſigner ſon nom pluſieurs fois
dans un jour, tel qu'un Notaire, un Greffier, un
Gouverneur de Province, a ſa main tellement formée
à cette opération continuelle, qu'il n'eſt pas ſurpre-
nant que ſes ſignatures ſoient, ſinon toujours, du moins
très-ſouvent égales. Les Experts de M. le Maréchal
d'accord ſur ce point, ne le ſont pas avec eux-mêmes; ils dépoſent d'abord que les ſignatures prétendues fauſſes ont été calquées ſur deux véritables,
l'une *nourrie* l'autre *maigre*. [Donc M. le Maréchal
ne ſigne pas toujours également.] Que les billets &
les vingt-deux lettres ont été fabriquées *par un homme*

qui a cherché à imiter une autre écriture, & qui s'y est habitué à force de la contretirer. M. le Vahier [1] cite une infinité d'exemples de la reffemblance d'écritures de différentes perfonnes ; ou de la difparité de celles de la même main , & conclut que la comparaifon d'écritures, les prétendues identités pour en connoître l'auteur ; ou les variations , les diffemblances pour juger qu'il ne l'eft pas, ne peuvent faire une femi-preuve, ni le plus léger indice ; *que * s'il fe trouve un Expert affez hardi pour … dépofer que les écritures font fauffes , & de la main d'un tel , comme s'il les lui avoit vu écrire , ce n'eft plus un Expert, mais un faux témoin.*

* Page 649.

3°. Paillaffon & Pottier, dans la premiere partie de leurs dépofitions, ont conjecturé que les écritures & fignatures fortoient de la main *d'un homme habitué à imiter celle de* M. *le Maréchal ;* mais dans la feconde, ils atteftent que *les écritures & fignatures ont été calquées à la vitre,* ce qui implique contradiction. Si c'eft *un homme de* M. *le Maréchal,* ou lui-même qui a écrit & figné les billets & les lettres, (ce qui eft le plus vraifemblable & paroît tenir de la certitude), ce ne peut pas être *une femme* qui les ait *calqués fur la vitre.* Et à qui pourra-t-on perfuader que Madame de Saint-Vincent, dont l'écriture eft totalement difparate de celle de M. le Maréchal, qui n'a point été perfectionnée dans l'art d'écrire, qui, dès l'âge de quinze ans , fut fous la puiffance d'un mari , qui, pendant quatre ans qu'elle a été avec lui, a eu

---

(1) Traité de la preuve par comparaifon d'écritures, à la fuite de Daniy, pag. 654 & fuiv.

deux enfans, qui, de ſa maiſon, eſt paſſée dans un
Monaſtere, où elle a reſté ſeize ans, que M. le Maréchal en a fait ſortir d'autorité pour la tenir à ſon atta-
che, à Poitiers & à Paris, à qui fera-t-il accroire
qu'elle ait eu aſſez de génie & de dextérité pour calquer à la vitre douze *bons pour*, ſur les billets, *treize*
ſignatures, dont l'une appoſée à la lettre écrite à Bennavent, & *vingt-une autres lettres entieres & ſignatures?*
Si Madame de Saint-Vincent a réuſſi à ce prodige,
elle eſt *une fée qui avoit un démon dans ſa poche.* M. le
Maréchal y a fait fouiller ſans l'y trouver.

« En ſuivant le même procédé (continue Marion)
» on rencontre le même réſultat ſur des mots & des
» phraſes entieres ; il eſt complet ſur la totalité de
» deux lettres imprimées à la fin du Mémoire de M.
» le Maréchal : elles ſont ſur des chiffons ſans date,
» ſans timbre de poſte, ni cachet des armes de M. le
» Maréchal ; leur contexte eſt bizarre, abſurde, &
» contient des choſes dont la fauſſeté eſt prouvée
» au procès. L'écriture de M. le Maréchal, très-ap-
» puyée & chargée, eſt prompte, franche & hardie ;
» celle des pieces arguées, très-maigre, compaſſée,
» tremblée, & ſouvent repriſe ; il ne faut que des
» mains & des yeux pour juger du calcage à la vitre.
» C'eſt donc inutilement que Madame de Saint-Vin-
» cent veut jetter des ſoupçons ſur les Experts contre
» leſquels elle n'oſe faire porter ſa plainte en ſubor-
» nation ».

1°. IL ſera toujours impénétrable à la raiſon hu- *Réponſes.*
maine, que des lettres entieres, & en grand nom-

bre, puiſſent être calquées à la vitre ; lorſque les Experts ont ſubſtitué cette imagination à celle *d'un homme qui s'eſt habitué à imiter l'écriture de M, le Maréchal à force de la contrefaire.* On a fait dire aux femmes *de la Martiniere & Godiniere,* renfermées pour leurs beaux faits, *qu'elles ont vu* l'une *tous les jours,* l'autre *très-ſouvent, Madame de Saint-Vincent contrefaire l'écriture de M. le Maréchal, en appliquant ſes lettres contre une vitre, & mettant à l'envers un papier ſur lequel elle copioit ce qu'elle vouloit; que lorſqu'une phraſe entiere de M. le Maréchal ne convenoit pas au projet de Madame de Saint-Vincent, elle prenoit un mot dans un endroit & un mot dans un autre; de ſorte qu'elle compoſoit une ſuite de diſcours relatifs à ce qu'elle vouloit faire.*

Réponſes. IL faudroit renoncer au ſens commun pour livrer ſa foi à des femmes qui en ſont ſi peu dignes, qui n'entroient jamais dans l'appartement de Madame de Saint-Vincent, qui prétendent n'avoir vu le calcage que d'une terraſſe éloignée, ſpécialement quand Madame de Saint-Vincent étoit retenue dans ſon lit par un mal de jambe, qui ne connoiſſent point l'écriture de M. le Maréchal, dont la premiere en a fait l'aveu à la confrontation, & l'autre a ſuppoſé la connoître, quoiqu'elle n'en eût jamais vu auparavant.

2°. La fauſſeté du langage uniforme de ces deux femmes eſt manifeſte, par l'impoſſibilité phyſique de calquer à la vitre des lettres raiſonnées, en prenant *un mot d'un côté, un mot d'un autre pour en compoſer un*
diſcours

difcours fuivi. Quelque adreffe que puiffe avoir le plus fameux Ecrivain de l'Europe, on le mettroit au défi d'exécuter une pareille tentative, non pas de vingt-deux lettres, mais d'une feule ; les mots en feroient infailliblement découfus, l'alignement n'en pourroit être obfervé, & les caracteres détachés de différens modeles n'auroient pas les mêmes proportions, en *longueur, hauteur & diftance*, comme les Experts affurent qu'ils en ont fait l'épreuve.

2°. Il n'eft pas furprenant que celles qu'il attaque n'aient point d'adreffe, de timbre de la pofte, ni de cachet, les Gens d'affaires de M. le Maréchal, fon Commiffaire Chenon, en ont fupprimé les enveloppes, en pillant tous les papiers qu'ils ont pris militairement ; & quand tout eft entre leurs mains, ils ont le front de demander ce qu'ils ont intérêt de ne pas faire paroître.

Le défaut de date eft habituel à M. le Maréchal ; il n'en faut pour preuve que la lettre qu'il a prife pour piece de comparaifon qu'il donne pour être véritablement de lui, & qui n'a d'autre date que cette abréviation, *ce lun.*

3°. Si le contexte des lettres eft *bizarre, abfurde,* perfonne n'ignore que M. le Maréchal ne purifie pas fon ftyle lorfqu'il écrit aux Dames ; il feroit heureux pour lui que celles qu'il avoue ne fuffent marquées qu'au coin de la bizarrerie & de l'abfurdité ; il faut fe boucher les yeux & les oreilles plutôt que de lire & entendre quelques-unes de celles qui font partie des pieces du procès.

C

4°. Rien de plus facile que d'alléguer des fauſſe-
tés, mais il ne l'eſt pas de les prouver. Marion ſe croit-
il donc un Auteur aſſez grave, pour qu'on daigne
s'en rapporter à ſa parole, quand il oſe avancer que
la preuve en eſt acquiſe? Celle qu'il indique de la lettre
prétendue double, imprimée pag. 162 du Mémoire
de M. le Maréchal, ſeroit capable de faire illuſion,
ſi on s'en rapportoit bonnement aux intitulés de chaque colonne. A la premiere, on attribue ce titre :
lettre véritablement écrite par M. le Maréchal. L'autre
eſt intitulée : *lettre contrefaite ſur la véritable.* Par-là M.
le Maréchal ſe rend Juge en ſa propre Cauſe ; mais il
la perd d'emblée, ſi l'on change les deux titres ; que
la lettre qu'il donne pour *véritable* ſoit la *contrefaite*,
& que la prétendue fauſſe ſoit l'ouvrage de ſes
doigts ou de l'homme habitué à imiter ſon écriture.
On aſſure qu'il préfere pour Secrétaires ceux dont
l'écriture eſt ſemblable à la ſienne, afin de le débar-
raſſer de la peine des lettres & des expéditions.

Ses Gens d'affaires ayant affeĉté de ſuſpendre pendant plus de ſoixante heures la clôture du procès-
verbal de dépôt des lettres ; emporté chez eux toutes les pieces du procès, comme leurs imprimés, le
conſtatent ; Marion, Greffier du Châtelet, s'en étant
rendu plénipotentiaire, il lui étoit fort aiſé de gliſſer
parmi les lettres dépoſées, celle qu'il avoit eu tout le
tems de faire recopier, en y ſupprimant les mots de
mandat & de *tiers*.

5°. Paillaſſon avoit dépoſé, à la diĉtée de Guillaume,
que ces deux lettres étoient ſi évidemment calquées

l'une fur l'autre, que les mots, les lettres, les diftan-
ces, les hauteurs & les lignes en étoient parfaitement
femblables; que cette égalité avoit été confervée fur
deux lignes, dont l'une étoit montante, l'autre def-
cendante. Madame de Saint-Vincent, interrogée fur
cette conformité, que le Lieutenant-Criminel lui al-
léguoit certaine fans la vérifier, en a témoigné fon
étonnement, & n'en pouvoit pénétrer le myftere. A
la confrontation du fieur de Vedel avec Paillaffon,
qui perfiftoit à foutenir cette totale reffemblance, le
fieur Petit de la Honville a été requis de mefurer lui-
même avec le compas; il a démontré à *Paillaffon* que
fa dépofition n'étoit pas fidele. Cet Expert, qui a reconnu que fon maître l'avoit trompé, eft refté *muet*,
pâle, *tremblant*, comme dans l'accès d'une fievre
violente; fon effroi & fon tremblement ont été re-
marqués par le Juge & le Greffier; mais le fieur de
Vedel a oublié d'en faire écrire la mention; le procès-
verbal ne contient que celle de la mefure au compas
qui conftate la fauffeté de la dépofition: telles font les
preuves phyfiques de Marion.

Les morales font encore de plus bas aloi. Marion
avance d'un front d'airain que les Accufés *ont fait*   * Page 7.
des aveux judiciaires ; s'il veut faire entendre que ces
aveux qu'il n'explique pas font relatifs au prétendu
faux, on ne peut que lui répondre *mentiris impuden-
tiffime.*

« Ils ont donné, ajoute cet Intendant, *un principe
» aux libéralités de M. le Maréchal* ». On voit qu'il a
dans l'intention, fans ofer le dire à découvert, l'en-

fant ſuppoſé de M. le Maréchal, qui, loin d'avoir été donné pour cauſe aux billets, a été nié comme une impoſture infernale, dont Madame de Saint-Vincent demande réparation & vengeance.

Marion qui *tremble* autant que Paillaſſon, retourne ſans ceſſe à ſes *inquiétudes*. « Si le principe des libé-
» ralités de M. le Maréchal, ſi les époques & les *cir-*
» *conſtances* en établiſſent l'impoſſibilité, l'*examen de*
» *la ſubornation des témoins eſt ſans objet ;* le faux dé-
» montré, *ex viſceribus rei*, demeure en ſon entier,
» *quand toutes les dépoſitions des témoins ſeroient anéan-*
» *ties ;* le défaut d'intérêt de M. le Maréchal écarte
» toute idée de ſubornation de témoins, *& ſon honnê-*
» *teté le met à l'abri de ce ſoupçon odieux* ».

Réponſes.   1°. MADAME de S. Vincent n'étant pas dans les *cir-*
conſtances de le louer de l'*honnêteté* de M. le Maréchal, il ne peut pas être à ſon égard à l'*abri* non - ſeulement du *ſoupçon*, mais de la preuve qu'elle offre faire *de la ſubornation de témoins*, déja fort avancée par les vexations criantes, qu'on a employées, les ravages en dix maiſons, les pillages de papiers, les procédures intolérables dans un Etat policé, les dépoſitions des témoins bien famés, les rétractations des plus corrompus, & les tyrannies qu'on ne ceſſe d'exercer. Si toutes *ces circonſtances* ſont des témoignages *de l'honnêteté de* M. le Maréchal, *qui le mettent à l'abri du ſoupçon* d'avoir ſuborné des témoins, elles n'y mettront pas ſes Gens d'affaires.

   2°. Si M. le Maréchal avoit la preuve du faux

démontré par les pieces mêmes, qu'il fût sans intérêt à suborner des témoins, pourquoi l'a-t-il donc fait ou fait faire? Pendant qu'il raisonne ainsi, il avertit dans une note détachée, *qu'il n'entend nullement se départir de l'avantage des preuves testimoniales;* qu'il ait au moins *l'honnêteté* de ne pas susciter des obstacles cruels à la preuve contraire de Madame de Saint-Vincent; si elle est inutile, il ne perdra pas l'avantage du faux évident par la seule inspection des pieces.

3°. S'il ne falloit qu'avoir des yeux pour juger le faux, ce seroit bien le procès fait à la piece; mais ce n'est pas assez, on doit également le faire à la personne. M. le Maréchal & ses Gens cherchent l'auteur de la fabrication depuis huit mois. Plus ils ont mis d'ardeur à le découvrir, moins ils ont réussi. M. le Maréchal a fait arrêter *Canron* en Suisse. Arrivé à Paris, il a été constitué prisonnier; interrogé comme l'Ecrivain des lettres & des signatures de billets, on a reconnu qu'on s'étoit trompé. Doumain a succédé au soupçon; il a été retenu au Fort-l'Evêque, ensuite pratiqué pour être faux témoin. Les sieurs de Vedel, Bennavent & Sube, ont eu leur tour; ils sont sortis purs du creuset. Enfin M. le Maréchal a eu *l'honnêteté* de soupçonner Madame de Saint-Vincent, & pour donner quelques nuances à cette inculpation, ses Gens d'affaires n'ont rien épargné; mais aussi-tôt que leur subornation éclate, ils viennent nous bercer d'un contraste ridicule, *qu'ils n'ont pas besoin des témoins subornés;* que cependant *ils entendent s'en servir.* Et moi, dit Madame de Saint-

Vincent, j'ai befoin de prouver leur fubornation, pour que vous ne vous en ferviez pas.

Pages 7 & 8.

L'Intendant fait l'énumération de trois faux chimériques. « Madame de Saint-Vincent prétend que » M. le Maréchal lui a écrit nombre de lettres à » Poitiers contenant promeffes d'un don confidéra- » ble que Peixotto étoit chargé d'acquitter, dont le » principe étoit un enfant. Elle a fuppofé d'autres » lettres de Pechot, & de ces deux correfpondances » il n'exifte que des copies de la main du fieur de » Vedel »,

Réponfes.

1°. IL eft faux que Madame de Saint-Vincent ait prétendu avoir écrit à M. le Maréchal au fujet d'un enfant dont il fe crût le pere, elle a dénié formellement cette impofture inventée par les Gens d'affaires de M. le Maréchal, & que le Lieutenant-Criminel s'eft efforcé de réalifer par des infuités. Elle a conclu à fa prife à partie. Après ces vérités conftatées par tous les interrogatoires, de quelle audace Marion ofe-t-il renouveller de pareils excès ?

2°. Il en impofe, en voulant perfuader qu'elle eft convenue avoir eu une correfpondance fuivie avec Peixotto, Elle a perpétuellement affirmé qu'elle n'a écrit que deux fois à ce Banquier ; fes lettres au fieur de Vedel n'ont rien de commun avec celles de M. le Maréchal, & c'eft violer le droit des gens que de les enlever à mains armées , & d'en abufer.

3°. Celles que M, le Maréchal lui a adreffées, tant

à Milleau qu'à Tarbes, Poitiers & Paris, qui contenoient ſes promeſſes d'argent & d'un état brillant, lui ont été également rapinées par le Commiſſaire Chenon, pour effacer toutes les traces des promeſſes de M. le Maréchal.

Sur le ſecond prétendu faux, Marion ſuppoſe qu'il eſt prouvé au Procès, article 30 du ſecond interrogatoire de Madame de Saint-Vincent, qu'il a été colporté une lettre prétendue écrite par M. le Maréchal, relative à l'exiſtence de l'enfant.

1°. A l'article indiqué Madame de Saint-Vincent *Réponſes.* a répondu *qu'elle n'a jamais écrit qu'elle étoit accouchée ; que dans aucune lettre le Maréchal ne lui a rien mandé ſur l'éducation de cet enfant imaginaire.* Elle n'a donc pas pu en donner l'exiſtence pour cauſe des billets.

2°. Le colportage de la lettre eſt un menſonge avéré. Le ſieur *Maziere,* Fermier Général, que M. le Maréchal qualifie * *de ſon ami* eſt le ſeul des témoins * *Par ſon Mé-* qui ait dépoſé qu'il avoit été chez Me Delafitte, Pro- moire. cureur de Madame de Saint-Vincent, qu'il lui avoit fait voir des lettres qui parloient d'un enfant. Si celle prétendue colportée eût exiſté, M. le Maréchal l'auroit en ſa diſpoſition, puiſque ſon Commiſſaire en a enlevé furtivement plus de quatre cent en différens endroits, & qu'il a imprimé celle du 12 Avril 1771, qui devroit être entre les mains de Madame de Saint-Vincent, à qui il l'a écrite, & qu'elle a droit de réclamer, ainſi que les autres, pour ſes faits juſtificatifs.

Le troisieme prétendu faux est *grave*, dit Marion, *& avoué par Madame de Saint Vincent*. Il en cite pour preuve les articles 53 & suivans de son second interrogatoire. Qu'on les lise, cet Intendant sera convaincu de ne jamais dire un mot de vrai. Il y est question des deux premiers mandats de cent mille écus. Le premier, qui n'étoit qu'un *chiffon*, pour se jouer d'une femme qui ne connoît pas les formes qui rendent une promesse valable. Le second, où la valeur n'étoit pas exprimée, & qui demeuroit inutile, sans l'acceptation du Banquier, dont une personne trop officieuse écrivit par vivacité les mots, *accepté Pechot*, qui furent effacés.

Ces deux billets ayant été déchirés, on défie Marion & tous autres d'en justifier le faux; de même qu'il n'est pas plus possible d'en constater la vérité par la reconnoissance & vérification des écritures & signatures.

Les causes de ces billets ne sont que trop évidentes, la lettre imprimée de M. le Maréchal suffiroit seule pour en convaincre. Que seroit-ce, si Madame de Saint-Vincent avoit toutes les autres qui lui ont été furtivement enlevées par violence? Et quel est donc ce genre nouveau de procédure criminelle?

Un Général attaque par des détachemens nombreux, hérissés de fusils, sabres & bayonnetes une femme foible & timide, assiege un Couvent de Religieuses, donne l'assaut à leurs paisibles clôtures, en arrache *une chere cousine*, épouse d'un Président à Mortier, la consigne cinq jours à la Bastille,

la ramene, & la retient pendant 18 jours dans le Monaftere dont il fait un Corps de Garde, fait fourrager
& piller fes effets & papiers, & ne fe reffouvenant de
fa bravoure que quand il a chargé de chaînes cette
pauvre petite victime dans un véritable *cachot*, lui dit :
A préfent, défendez-vous. Si M. le Maréchal avoit
penfé alors que la Juftice remonteroit fur fon Tribunal, croira-t-on qu'il fe fût abandonné à ces extrêmités ? Et quelle en eft la caufe ? La terreur panique
d'être un jour actionné pour des billets, dont, felon
lui, il étoit affuré de faire juger le faux, *à la feule
infpection*. Si cela eft, falloit-il tant de tracas, de per-
fécutions contre les Négociateurs des billets & ceux
qui en avoient cru les fignatures véritables ? M. le
Maréchal ne devoit-il pas attendre que les billets lui
fuffent fignifiés pour dénier les avoir foufcrits ?

Marion ajoute que fi l'envoi du troifieme billet de
cent mille écus & de deux autres de foixante mille
livres pouvoit fe préfumer, on ne réfifteroit pas à
l'*alibi* prouvé du 13 Novembre 1773, que M. le Maréchal étoit à Fontainebleau, & fut à Nemours complimenter Madame la Comteffe d'Artois, revint *fort
tard* à Fontainebleau, & le lendemain 14 il alla avec
le Roi recevoir la Princeffe à la montagne de Bou-
ron, repartit le foir pour venir coucher à Choify.
Peut-on concilier l'arrivée des billets à Fontainebleau le 13, leur fignature & retour à Paris le lendemain matin ? En fuppofant l'Abbé Froment de
bonne foi, le tout eft une manœuvre concertée entre

D

Madame de Saint-Vincent & le sieur de Vedel, qui auront apposté un *quidam* en habit rouge pour apporter le paquet à une heure où ils étoient sûrs qu'il seroit vu par l'Abbé Froment, dont ils vouloient se faire un témoin.

REPONSES.

1°. LES cris de victoire des Gens de M. le Maréchal, n'ont été poussés que pour étourdir les oreilles des simples ; une équivoque de date, subtilement méditée, est pour eux, un char de triomphe. Développons cet artifice, qui fait quelqu'impression dans le Public.

L'Abbé Froment, témoin oculaire des trois billets apportés par le Laquais Saint-Jean, en prit lecture ; chargé d'en négocier un, il en avoit retenu la date du 13 Octobre 1773. Interrogé le 25 Juillet 1774, « dans » quel tems il avoit vu rapporter les trois billets par » Saint-Jean, » sa réponse est incertaine : « NE SE »SOUVIENT PAS PRÉCISÉMENT DU TEMPS *où il* » *a vu les trois billets entre les mains de Madame de* » *Saint-Vincent,* CROIT *que c'est le* 13 *Novembre* 1773, » *jour de la date des billets* » : voilà la source de la méprise. L'Abbé Froment *ne se souvient pas précisément du temps* qu'ils ont été renvoyés ; il *croit* que c'est le 13 Novembre 1773, par la raison que les billets sont datés de ce jour.

Le 28 Juillet, Madame de Saint-Vincent interrogée à la Bastille, répéta, d'après l'Abbé Froment, la date du 13 Novembre, en ajoutant *qu'elle se souvient que c'étoit un Dimanche matin.* Or le 13 No-

vembre 1773 étoit un famedi ; le Dimanche pré-
cédent étoit le 7, & le 11 une Fête. Il plait aux
Gens d'affaires de M. le Maréchal, pour brouiller
les idées, de remettre le renvoi des billets au 14.

Dans le fecond interrogatoire au Châtelet, * elle
a déclaré « avoir fait porter les billets à M. le Maré-
» chal, par la nommée Marion, fa Femme de chambre,
» & le Sr de Vedel *le 12 Novembre dernier, & que le*
» *lendemain 13, elle a reçu les mêmes trois billets fignés*
» *de M. le Maréchal* ».

. Le Lieutenant-Criminel, qui a toujours tendu à
la furprendre, foutint « qu'il étoit impoffible qu'elle
» eût envoyé les billets *le 12 Novembre*, à l'Hôtel de
» Richelieu à Paris, & qu'elle les eût reçus le 13,
» vu que le Maréchal avance qu'il étoit le 13 No-
» vembre à Fontainebleau ; que ce fait fe trouvoit
» prouvé par une lettre qu'il lui avoit écrite de Fon-
» tainebleau, le même jour 13 Novembre, dont
» elle avoit remis copie à M. de Sartine.

. » A dit, qu'elle *affirme que M. le Maréchal étoit*
» *à Paris le 13 Novembre* ». Il n'eft parti en effet qu'à
10 heures du matin ; c'eft une vérité qu'on a dé-
couverte depuis les interrogatoires. Madame de
Saint-Vincent, qui a long-tems ignoré l'heure de
fon départ, continua fa réponfe : « que la lettre fuf-
» datée ne peut pas avoir été écrite à Fontaine-
» bleau ledit jour par M. le Maréchal ; qu'au fur-
» plus elle n'a fait cette affirmation du 13 Novembre,
» que par le calcul qui a été fait avec l'Abbé Fro-
» ment, du jour qu'elle a reçu les billets fignés de

D ij

Page 19 de
l'Imprimé, art.
27.

» M. le Maréchal, *qui étoit un jour de Fête ou de Di-*
» *manche* ».

Le Lieutenant-Criminel, qui n'inſtruiſoit qu'à la
charge des accuſés, inſiſta « qu'elle devoit s'expli-
» quer poſitivement ; que dans ſes interrogatoires
» à la Baſtille, elle avoit dit que c'étoit le 13 ; qu'elle
» ne changeoit d'idée que parce qu'il venoit de lui
» parler de la lettre datée de Fontainebleau du 13.

Art. 29, p. 20.

» A dit, que ce n'eſt point par cette raiſon, *mais*
» *parce que ſa mémoire ne lui fournit pas à cet égard ;*
» *qu'elle ſait parfaitement que c'étoit dans le commen-*
» *cement de Novembre qu'elle a reçu leſdits billets, en*
» *revenant de l'Office du jour.*

Art. 31, p. 21 ;
art. 3, pag. 89.

Elle perſiſte à la vacation ſuivante, & dans ſes
autres interrogatoires à ſoutenir que c'étoit un *jour*
de Fête ou de Dimanche après la Meſſe, au commence-
ment de Novembre.

Pages 6 & 7 de
ſes interrog.

Le 19 Août 1774, le ſieur Vedel atteſta * « qu'il
avoit vu écrire la lettre par laquelle Madame de Saint-
Vincent prioit M. le Maréchal de ſigner le troiſieme billet
de cent mille écus, ou les cinq de chacun 60000 livres,
qu'il y avoit vu inſérer les ſix modeles, qu'elle la cacheta
devant lui, & qu'après y avoir mis l'adreſſe, elle le
pria de la porter à ſon Suiſſe, à qui il fut la remettre ;
que la Femme-de-Chambre de Madame de Saint-Vin-
cent étoit avec lui dans le fiacre, que c'étoit au mois de
Novembre dernier, DU ONZE AU DOUZE A PEU
PRÈS.

Le Lieutenant-Criminel tendant continuellement
des embuches, interrogea d'autres fois le Sʳ de Ve-

del, « à quelle époque le billet de cent mille écus, » envoyé *le 13 Novembre* 1773, avoit été converti » en des billets de moindre fomme ». Plus loin, autre queſtion captieuſe ſur l'un des billets de 60000 liv. *prétendus envoyés à la Dame de Saint-Vincent le 13 Novembre 1773* : au dernier interrogatoire voulant faire donner le ſieur de Vedel dans le piege, il lui obſerve « que pluſieurs raiſons le font douter » de la vérité de la réception du mandat de cent » mille écus, & des deux billets de 60000 liv. *fixée* » *juſqu'à préſent au 13 Novembre* 1773 »; (comment un Juge peut-il s'écarter de la vérité)? « A cette » époque M. de Richelieu étoit à Fontainebleau, » occupé des préparatifs du mariage de M. le Comte » d'Artois, célébré le 16, & dont les cérémonies » rouloient ſur ſon compte, (ou plutôt ſur M. de » Fronſac). Il étoit même le 13 Novembre, jour » indiqué, à Nemours, & en revint *le ſoir fort tard.* » Il eſt donc impoſſible qu'il ait reçu à Paris, les bil- » lets *à lui envoyés* le 12; plus impoſſible encore, » qu'il les ait renvoyés *le treize*, puiſqu'il n'étoit » point à Paris ».

Page 21.

Page 30.

Page 49.

Page 11 de ſes Obſervations, deuxieme ligne.

La réponſe du ſieur de Vedel a été auſſi naïve que l'objection étoit inſidieuſe. « A dit *qu'il eſt ſûr* d'a- » voir porté le paquet contenant les billets, & de » l'avoir remis au Suiſſe de M. le Maréchal ; *mais* » *ne ſe reſſouvient pas du tout du quantieme du mois,* » *croit que c'eſt du* 11 *au* 13, comme il l'a dit dans ſon » premier interrogatoire. »

Encore remontré, « qu'en ſuppoſant que ce ſoit

» du 11 au 13, *quoique l'époque ait été fixée au* 13,
» par l'AbbéFroment & la Dame de Saint-Vincent»,
(on en doit juger par leurs réponfes ci-deffus), « le
» raifonnement conferve fa force. »

Les Gens d'affaires renchériffant fur les fubtilités
du Lieutenant-Criminel reculent d'un jour l'époque
qu'il avoit fi fort à cœur de fixer aux 12 & 13. Ils
fuppofent que le paquet ne fut remis au Suiffe que
le 13, & envoyé à Madame de Saint-Vincent le 14,
parce que c'étoit un jour de Dimanche. Il eft aifé de
fe faire avec la langue un *alibi* commode ; mais
d'imprimer & d'afficher, *que c'eft un fait prouvé au
procès, avoué par les accufés,* ne trouvant point dans
la langue Françoife d'honnête réponfe à faire à M.
le Maréchal, on fe borne à fupplier les Magiftrats
de vérifier celles des interrogatoires.

Si l'Abbé froment, préoccupé de la date des
billets *a cru* que le renvoi en avoit été fait le 13, fans
pouvoir *fe fouvenir précifément du tems,* ce n'eft pas
une époque certaine, Madame de Saint-Vincent l'a
plus fixée en affurant que c'étoit un jour de Fête ou
de Dimanche après la meffe. Elle & le fieur de Vedel
quoique féparés en différentes prifons, s'accordent
fur l'envoi au *commencement de Novembre,* & le fieur
de Vedel en fixe le tems *du 11 au 13 à peu-près.* Or,
le 11 étoit la S. Martin *jour de Fête,* & c'eft *en revenant de l'Office* que Madame de Saint-Vincent a reçu
le paquet de M. le Maréchal, que l'Abbé Froment
l'a vu apporter, reconnu le cachet, pris lecture des
billets & de la lettre de renvoi.

Un autre témoin que M. le Maréchal s'eſt bien donné de garde de faire entendre, eſt la femme-de-chambre de Madame de Saint-Vincent, qui avoit accompagné le ſieur de Védel lorſqu'il porta le paquet au Suiſſe, & qui étoit préſente lorſque S. Jean, qu'elle connoît très-bien, arriva au couvent de la Miſéricorde, elle lui a vu rendre la lettre & les billets de ſon maître; ſi on les eût confrontés l'un à l'autre, la lumiere auroit paru.

Quand on deſcendroit au 12 & au 13, comme l'a *cru* l'Abbé Froment; s'il eſt certain que M. le Maréchal fut à Paris toute la journée du 12, qu'il ne ſoit parti que le lendemain ſur les dix heures, qu'il n'ait été complimenter la Princeſſe que *très-tard*, où eſt donc l'impoſſibilité qu'il ait ſigné à Paris trois billets, écrit une lettre de 4 lignes, cacheté le paquet & chargé un de ſes laquais de la porter? C'eſt l'ouvrage d'un inſtant. Voilà cependant cet *alibi* fameux que l'on fait ſonner à gros bourdon.

On ne finiroit point ſi on ſuivoit Marion dans ſes tracaſſeries de date. La converſion du dernier billet de cent mille écus s'étant faite en Mars 1774; donc M. le Maréchal n'a pas ſigné ceux d'Avril & du 8 Mai ſurveille de la mort du Roi. Tous les jours on antidate ou poſtdate des billets pour en meſurer les échéances à la commodité du débiteur; mais l'Abbé de Tranſe a déclaré n'avoir fait les billets qu'à la fin d'Avril ou au commencement de Mai. S'il s'eſt trompé, ou qu'on ſe ſoit étudié à le ſurprendre comme la Dame de Saint-Vincent, les ſieurs

de Vedel & Abbé Froment, son erreur donne-t-elle
atteinte à l'existence des billets?

Les dix donnés en échange de celui de cent mille
écus surpassent cette somme de 5000 liv. Ou c'est
erreur de calcul, ou bonne volonté de M. le Maréchal. S'il s'est trompé en les signant, on a pu se méprendre en les écrivant : ils existent, sont-ils faux?
On en doit revenir à cette preuve, & à celle de sça-
voir qui est l'auteur de la signature.

A quoi bon rebattre que Madame de Saint-
Vincent a eu entre ses mains 1,325,000 liv. d'engage-
ment de M. le Maréchal? Tous ses interrogatoires
contiennent mille fois la déclaration qu'elle ne prétend absolument rien dans les 3 premiers de cent
mille écus : l'un avoit été rendu à M. le Maréchal,
les autres déchirés.

Le *Post-scriptum* expose que la Requête présentée
par Madame de Saint-Vincent à la Cour, est divisée
en deux objets ; le premier, plainte en rapt de séduction & de violence ; le second, nullité des procédures. Marion y débite son langage ordinaire ;
la Requête n'est à son goût qu'*absurdités*, *contradic-
tions*, *le comble du délire*, *libelle*, *déclamations auda-
cieuses*. Passons-lui cet accès de colere, & défendons
tranquillement ceux qu'il opprime.

<h3 style="text-align:center">P R E M I E R   O B J E T.</h3>

VOUS avez tort, Marion, de supposer que Madame
de Saint-Vincent rend elle-même plainte en rapt de
séduction,

féduction & de violence ; en qualité de Greffier, vous devez favoir qu'une fimple dénonciation eſt bien différente ; que les Requêtes ne prennent le caractere de plainte que lorſque *tous les feuillets en font fignés par le Juge, & par le Complaignant ou fon fondé de procuration fpéciale, que la mention en eſt expreſſe fur la minute & fur la groſſe,* article 4 du titre 3 de l'Ordonnance de 1670 ; qu'elle ne peut être *réputée Partie civile, qu'en le déclarant formellement par la plainte, ou un acte fubféquent,* article 5.

Elle fait auſſi bien que vous, qu'ayant eu le malheur d'écouter la voix de Sirene, elle ne feroit pas favorable à fe plaindre de fon écueil ; mais elle a lu l'article 8 du même titre, qui porte : *s'il n'y a point de Partie civile, les procès feront pourfuivis à la diligence & fous le nom de nos Procureurs.* L'article 19 du titre 25 ainfi conçu, *enjoignons à nos Procureurs & ceux des Seigneurs, de pourfuivre inceſſamment ceux qui feront prévenus de crimes capitaux, ou auxquels il écherra peine afflictive, nonobſtant toutes tranfactions & ceſſions de droits faites par les Parties.*

Jouſſe, fur cet article, dit « qu'il y a pluſieurs » cas pour lefquels les Procureurs du Roi & des » Seigneurs *doivent informer d'office, quoique pour* » *crimes privés,* tel que le rapt de féduction.

Bornier, fur le même, établit par les Loix Romaines les Arrêts & les Auteurs, que « tous les » crimes produifent deux actions & deux accufa- » teurs, l'un public, l'autre privé ; celui-ci n'ayant

E

34

» droit que de demander la réparation du tort
» qu'il a souffert, il lui eſt libre de ſe l'interdire
» ou d'en tranſiger ; mais le premier ne peut re-
» mettre ou négliger la vengeance publique. *Alte-*
» *rum utilitas privatorum, alterum vigor publicæ*
» *diſciplinæ poſtulat.* Ces deux accuſateurs ſont or-
» dinairement joints enſemble ; mais s'il n'y a Partie
» civile, les Procureurs du Roi en font la pour-
» ſuite ».

Madame de Saint-Vincent a déja cité l'article 3
de l'Edit de 1639, qui enjoint au Miniſtere Public « de faire toutes les pourſuites néceſſaires contre
» les raviſſeurs, *nonobſtant qu'il n'y eût plainte de*
» *Partie civile*». Et l'Ordonnance de 1356, par
laquelle Charles V, en promettant *bonne juſtice* aux
Etats, s'eſt engagé, & ſes Succeſſeurs, *à n'accorder*
pardon ni remiſſion de raviſſement ou efforcement de
femmes mariées. Ces deux expreſſions, *raviſſement*
ou *efforcement*, ont leur ſignifications propres &
différentes, l'une ſuppoſe le conſentement de la
perſonne ravie, l'autre la violence, ſoit envers elle
ou ſes parens ; *raptus in parentes* ; c'eſt, dit Lacom-
be, *toujours malgré eux*, que ce crime ſe commet.
L'article 11 du titre 1er de l'Ordonnance de 1670,
le place au nombre des cas royaux. L'article 3
du titre 16 veut, comme celle de 1356, qu'il
ne ſoit accordé *aucunes Lettres d'abolition pour crime*
de rapt commis avec violence. Bornier interprete ces
termes « du rapt commis par violence exercée ſur
» le corps, *ou par l'enlévement de la perſonne qui le*

» *souffre*, & non de celui de fubornation & per-
» fuafion, quoique fuivant les Loix & les Jurif-
» confultes, ce dernier foit le plus pernicieux &
le moins rare : *magis eft perfuadere, quàm cogere.*

Ainfi l'enlévement d'une femme renfermée dans
un Couvent, eft un véritable rapt de violence à
l'égard de fes parens ; c'eft un vol qu'on leur fait
avec effraction, de ce qu'ils gardoient précieufe-
ment dans un lieu faint, plus puniffable cent fois
que fi on fe fût introduit dans leurs maifons pour
y prendre des meubles, des effets, & des tréfors.
Que deviendra l'honneur des Familles illuftres, la
fûreté publique, la prudence des parens honnêtes,
qui prennent toutes les précautions de décence pour
mettre un de leurs fujets dans l'heureufe impuiffance
de commettre des fautes, fi le premier téméraire
peut impunément détruire l'ouvrage de leur fageffe, abufer de fon crédit, & des circonftances
funeftes.

Que ceux qui compofent l'augufte Tribunal qui
va pefer au poid du Sanctuaire, la Caufe de tous
les peres, de tous les maris, de tous les parens,
de la Nobleffe la plus diftinguée, & de la Nation
entiere, fe mettent par réflexion en la place du Ba-
ron de Villeneuve de Vence, vieillard refpectable,
à qui la douleur extrême a fermé les yeux ; de M.
de Saint-Vincent, dont la dignité, les vertus & la
douceur n'ont pu arrêter le coup de poignard qui
lui a été porté. On leur enleve fille & femme, par
l'abus le plus criant du crédit qui les infulte. Eft-il

quelques-uns dont l'ame ne s'éleve contre un pareil attentat, qui peut leur arriver demain? Et qu'on ne dife pas que M. de Saint-Vincent n'a qu'à paroître & demander juftice, fon filence devient néceffaire, fa délicateffe eft louable; elle fe conçoit mieux qu'on ne pourroit l'exprimer. Il fait les regles & les Ordonnances; il ne pourroit plaider que pour un intérêt civil qu'il dédaigne; il n'arrête point le bras du Vengeur public, dont la Loi excite le miniftere, & marque le devoir. La dénonciation que lui fait Madame de Saint-Vincent, n'eft autre que le fouvenir qu'elle lui rappelle des Loix du Royaume. M. le Maréchal eft-il exempt de leur exécution? C'eft à la Cour à décider s'il a ce privilege.

Le point de droit ne pouvant être mis en problême, fes propres Défenfeurs ont pris le foin d'établir celui de fait par des preuves littérales qu'on va réunir.

1°. Ils ont imprimé * que M. le Maréchal, en écrivant chaque femaine à Madame de Saint-Vincent, « la flattoit de fa protection, de fon crédit & » de fa bourfe, & renouvelloit fes promeffes toutes » les fois qu'il lui écrivoit..... qu'il l'engagea de » venir le trouver à Paris, Tours ou Poitiers, qu'il » lui feroit tout le bien imaginable, qu'elle n'avoit » qu'à dire *amen* à tout ce qu'il alloit faire pour elle.

2°. « Que réfolue de partir, elle en demanda la per- » miffion à fon mari, qui la refufa, parce qu'il fut inf- » truit que M. le Maréchal lui avoit fait conftruire un » appartement à Poitiers; qu'elle fe rendit à Tarbes

* Pag. 5 de l'interogatoire de Madame de Saint-Vincent.

» par l'ordre de son mari, *que M. le Maréchal l'en*
» *fit sortir, en lui envoyant un ordre de M. de la Vril-*
» *liere qui lui rendoit sa liberté* ».

 3°. Le Lieutenant Criminel lui a représenté (p. 14)
que « M. le Maréchal est venu à son secours, en
» lui faisant passer une somme de 3000 liv. en en-
» gageant le sieur des Angles à lui prêter de quoi
» payer ses dettes, *en employant tout son crédit pour*
» *faire lever la lettre de cachet qui la retenoit, s'exposant*
» *même pour elle à des prises assez vives qu'il a eues*
» *avec ses parens, entr'autres avec M. de Castellane* ».

 4°. De toutes les lettres de M. le Maréchal qu'il
a fait enlever de force à Madame de Saint-Vincent,
pour supprimer celles qui constatoient ses promesses,
ses engagemens & le rapt le plus impardonnable, on a
cru pouvoir, sans risque, faire imprimer * celle qui
dépeint le couroux de M. le Maréchal de l'obéis-
sance de Madame de Saint-Vincent aux volontés de
son pere & de son mari, de se retirer au couvent de
Tarbes plutôt qu'à Poitiers. Madame de Saint-Vincent
va reprendre les expressions séduisantes de cette source empoisonnée de ses malheurs, en y retranchant
trois lignes italiques, qu'elle soupçonne avoir été
ajoutées à l'original, dont elles interrompent le sens.
Ce sont de vains correctifs pour atténuer le *raptus in*
parentes, que M. le Maréchal vouloit consommer,
en se jouant de tous les efforts & des *vives plaintes*
de la famille.

 « J'apprends avec étonnement, ma chere cousine,
» que vous avez été vous enfermer, *comme une pau-*

* Page 161 du
Mémoire.

» vre petite *victime, sans condition, sans précaution,*
» *ni sans raison,* sur-tout après la premiere démar-
» che que vous aviez faite, *& que personne n'étoit en*
» *droit de faire changer.* Vous deviez donc attendre
» au moins des réponses du Duc de la Vrilliere &
» de moi; mais cela est fait..... Que vous a-t-on
» proposé? *Vous voilà dans un cachot* où vous vous
» êtes mise volontairement. Quand, & comment en
» sortirez-vous? Voilà donc ce qu'il faut savoir, &
» pour quoi j'écris à l'Evêque pour m'en expliquer
» avec lui; *car je ne vous vois plus que moi pour*
» *ressource;* mais je ne pourrois vous être utile à
» rien, si vous ne mettez pas un milieu entre les
» extrêmités *d'une soumission servile,* & une condes-
» dance raisonnable; vous avez la tête bien légere,
» ma chere cousine, & cependant vous avez besoin
» qu'elle mûrisse; vous me parlez d'une liste de
» couvens que vous proposez, dont vous ne con-
» noissez aucun; & avant qu'il y ait des réponses
» & des connoissances prises, & des arrangemens
» avec votre mari, *vous serez morte demain dans*
» *votre cachot.* L'Evêque dit que ce n'est que pour
» un mois. A la bonheure; mais vous devez sentir
» *votre fausse démarche,* & combien il vous auroit
» été plus aisé de traiter toutes les conditions, si
» vous n'étiez pas déjà renfermée, & vous auriez dû
» voir depuis par la réponse du Duc de la Vrilliere,
» *que vous auriez lieu d'être contente,* & qu'il entroit
» dans vos vues. *Parlez donc à présent, mais ferme,*
» & en faisant valoir votre soumission préalable;

» demandez avec force, 1°. que l'Evêque vous tienne
» la parole donnée de n'être qu'un mois où vous
» êtes, 2°. d'avoir un féjour honnête & prompt,
» hors Montargis, que je vous confeille très-fort d'é-
» carter ; voilà, ma chere coufine, tout ce que je
» puis vous confeiller de mieux, *pour votre bonheur,*
» *où je voudrois fort contribuer* ».

A Verfailles, ce 12 *Avril* 1771.

Si ce n'eft pas là, *raptus in parentes,* il n'y en eut
jamais. Madame de Saint-Vincent qui avoit, pendant feize ans, confervé à Millau fon refpeâ & fa
foumiffion à fon pere, fon mari & fa famille, n'avoit
pu fe réfoudre à fuivre les funeftes confeils que lui
donnoit M. le Maréchal, de fe rendre à Poitiers,
où il avoit fait préparer un appartement ; elle en
écrit à fes parens ; tous s'intéreffent à la garantir de
ce dangereux piége ; ils en reçoivent des lettres &
des paroles dures : Madame de Saint-Vincent leur
obéit & fe retire à Tarbe, M. le Maréchal s'en ir-
rite, & redouble fa féduâion, emploie des expref-
fions énergiques pour démonter une *tête* qu'il ap-
pelle *légere,* & l'épouvanter : *vous êtes une pauvre*
petite victime, qui fans précaution, condition ni raifon,
vous enfermez dans un cachot, (qu'elle feroit heureufe
d'y être encore) *perfonne n'étoit en droit de vous faire*
changer votre premiere démarche (pour Poitiers;) *vous*
ferez morte demain dans votre cachot. Je ne vous vois
plus que moi pour reffource ; mais je ne puis vous être
utile, (fi vous avez pour vos parens) *une foumif-*

fion fervile ; *vous devez fentir votre fauffe démarche ; vous auriez dû voir par la lettre du Duc, que
vous auriez lieu d'être contente, qu'il entroit dans vos
vues ; parlez donc ferme ; demandez avec force qu'on
tienne la parole de n'être qu'un mois où vous êtes, c'eft
ce que je puis vous confeiller pour votre bonheur, où je
voudrois contribuer.*

N'eft-ce pas la féduction la plus marquée, & un rapt capital fait à des parens illuftres, dont les douleurs, les gémiffemens, la prudence & la fageffe ont été tournés en dérifion. Eh quoi, M. le Maréchal feignoit alors de compatir au fort *d'une pauvre petite victime*, qui avoit toutes fes commodités dans un couvent qu'il traitoit de *cachot*, dans lequel il prophétifoit qu'elle feroit morte le lendemain, fi on ne l'en fortoit promptement ; & il a le cœur de la tenir en prifon pendant huit mois, & de folliciter fa perte pour avoir négocié des billets dont il n'a pas payé un fol ; c'eft donc l'effet de fa promeffe, *qu'elle auroit lieu d'être contente, & qu'il contribueroit à fon bonheur.*

5°. M. le Maréchal, en careffant le ver rongeur qui le pique, fe dépeint comme un parent hon-nêtement tendre & fenfible, qui fut «touché des inf-
» tances d'une femme qui avoit à fe reprocher des
» égaremens de jeuneffe, mais à qui vingt années de
» réfidence dans un couvent avoit dû infpirer de fo-
» lides réflexions, croyant pouvoir s'employer à
» l'adouciffement de fa pofition, il confentit de fol-
» liciter pour elle un changement de demeure, pourvu
» que ce fût dans un Couvent. Il négocia auprès du
» Miniftre

» Miniftre & de la famille de Madame de Saint-Vin-
» cen. ». (Ceci eft de trop, on le nie formellement.)
« Il ne diffimulera point qu'il éprouva beaucoup de
» réfiftance de la part de quelques parens (de tous)
» auxquels il doit rendre la juftice qu'ils connoif-
» foient beaucoup mieux que lui le caractere de
» celle à laquelle SA FRANCHISE ET SA BONTÉ l'in-
» téreffoient ». (Relifez fa lettre, fa franchife y brille
mieux.) « Il réuffit malheureufement à furmonter ces
» obftacles, & obtint fucceffivement deux ordres qui
» transfererent Madame de Saint-Vincent à Tarbes,
» où elle féjourna peu, enfuite à Poitiers ».

Quelque vermillon que l'on mette à cette *bonté*
de M. le Maréchal, il n'en couvrira jamais les rides ;
c'eft confeffer d'un ton doucereux qu'il s'eft révolté
contre une famille dont il devoit refpecter les def-
feins, les lumieres, le jugement & les craintes ; c'eft
avancer que, malgré *fa réfiftance*, il leur a enlevé de
force *une pauvre petite victime*, pour l'égorger lui-
même.

6°. Marion croit fe faire un moyen de cet expofé
qu'il adopte * de la Requête de Madame de Saint-
Vincent, que « l'ordre du Roi qui la retenoit à Mil-
» lau portoit défenfe à la Supérieure de la laiffer for-
» tir de fon Monaftere fans le confentement par écrit
» de fon mari ; qu'elle n'avoit point à réclamer contre
» un Arrêt auffi impartial que celui rendu dans une
» affemblée de famille préfidée par fon pere, que
» c'étoit une fage précaution de fes parens ; que lorf-
» qu'ils furent avertis que M. le Maréchal entrepre-

* Page 7, à la
fin fes Obferv.

» noit de lui procurer fa liberté, l'alarme fut générale
» dans la famille, qui s'en plaignit amérement ; que
» Madame de Saint-Vincent applaudit aux Lettres de
» cachet accordées dans les circonftances où le Sou-
» verain eft touché des larmes d'une famille qui craint
» le déshonneur.

L'induction de l'Intendant eft admirable « par ces
» traits Madame de Saint-Vincent s'eft peinte elle-
» même ; le jugement de fa famille doit décider du
» mérite de fa plainte en rapt de féduction; les pa-
» rens ne fe plaignant point eux-mêmes de celui de
» violence, elle eft non-recevable. S'ils fe préfen-
» toient, M. le Maréchal ne leur oppoferoit que fa
» lettre du 12 Avril 1771, & celle du Marquis de
» Vence du 13 Août 1774; elles prouvent que fi
» M. le Maréchal, faute de bien connoître Madame
» de Saint-Vincent, a été trop touché de la rigueur
» de fa pénitence, il a cherché à l'adoucir ».

  MARION prend furement le genre humain pour un
troupeau ; s'il s'imagine qu'il le perfuadera par des
abfurdités, il a beau confondre la dénonciation avec
une plainte, lui feul eft capable de s'y méprendre.

Un Greffier ne doit pas oublier la double action en
matiere criminelle; & quand la Partie civile ne pour-
fuit pas la fienne, le coupable n'échappe point à celle
du Miniftere Public.

Le Jugement d'une famille affemblée, fon exécution pendant plufieurs années, la reconnoiffance de
M. le Maréchal que les parens penfoient plus fai-
nement que lui, la preuve qu'il donne lui-même -

par fa lettre & fes écrits , de s'être impérieufement
roidi contre leurs obftacles , fon mépris de leurs
précautions de prudence , fon aveu littéral d'avoir
enlevé Madame de Saint-Vincent des Couvens de
Millau & de Tarbe , par la force de fon crédit , de
l'avoir retenue dans la profonde mifere à Poitiers, à
Paris pendant plus de quatre ans , les vexations
inouies & les procédures barbares qu'on entaffe con-
tr'elle pour rendre,s'il le pouvoit,fa perte inévitable,
font autant de titres qui aggravent le rapt de violence
fait aux parens , & que la Juftice doit venger
févérement , pour en arrêter les exemples , les progrès & la trop grande tolérance.

A-t-on de la pudeur d'imprimer la premiere lettre
du Marquis de Vence du 13 Août 1774? Qui ne
voit pas au ftyle étranger que ce vénérable vieillard emprunta dans l'excès de fa douleur, qu'il cher-
choit à fléchir un ennemi puiffant? Par quel preftige
les Gens-d'affaires de M. le Maréchal en ont-ils donné
de fuite le contrepoifon , en y joignant la feconde
du 23 Septembre? Le Public n'a pas pris le change;
mais fon indignation a redoublé.

Si ce n'étoit pas une affaire férieufe , on feroit
tenté de rire de voir l'Intendant faire le plongeon
fur les nullités des procédures vexatoires ; c'eft , felon
lui , « un défefpoir de Caufe rarement accueilli par
» les Magiftrats, qui n'a pour motif que d'embarraf-
» fer & retarder le Jugement.

L'ARTICLE 8 du titre 14 de l'Ordonnance raifonne

REPONSES.

bien autrement. *Laiſſons au devoir & à la religion des Juges d'examiner avant le Jugement, s'il n'y a point de nullité dans la procédure.*

* Page 7,

Marion élude les nullités palpables de celle de la Baſtille par ce beau ſubterfuge : * *Si Madame de Saint-Vincent ſe permet d'attaquer la premiere, M. le Maréchal plus repeſclueux pour tout ce qui émane de l'autorité du Roi, ne ſe permettra pas de la défendre.*

REPONSES.

MADAME DE SAINT-VINCENT ne cede point à M. le Maréchal en obéiſſance aux véritables ordres du Roi; elle en a fait cette profeſſion [page 63 de ſa premiere Requête]: *La ſuppliante eſt pénétrée du plus profond réſpect pour l'autorité ſuprême, à laquelle elle ſe ſoumettra toujours;* mais une multitude de conjectures lui font penſer qu'il n'y avoit point d'ordre de Sa Majeſté.

1°. La France étant dans le deuil le 10 Mai, les Lettres de cachet ſurpriſes à la bonté du feu Roi, devoient être enſevelies dans le même tombeau; il n'étoit plus permis d'en faire uſage le 24 Juillet.

2°. La renommée ayant publié que la bienfaiſance du Roi à ſon avénement a fait mettre en liberté des milliers de captifs, il eſt difficile de penſer qu'il eût en même-tems accordé des ordres contraires.

3°. Le Commiſſaire Chenon n'en a repréſenté aucun; il a varié ſur leur énonciation, les qualifiant alternativement *d'ordres du Lieutenant de Police, & d'ordres du Roi.* Il y a cependant une diſtance infinie des uns aux autres.

4°. Pendant toute l'inſtruction des deux procédures, il n'a paru qu'une lettre-miffive de M. le Maréchal, écrite de Bordeaux le 12 Juillet 1774 au Lieutenant de Police. Le Commiffaire Chenon de fon autorité privée l'a remife pour piece de comparaifon à Guillaume & Liverloz, Experts; il en a dreffé deux procès-verbaux les 29 & 30 Juillet. Le Lieutenant-Criminel a repréfenté la même lettre à Madame de Saint-Vincent.

5°. Ce qui rend bien fufpecte l'allégation de l'ordre du Roi, eft l'empreffement inquiet avec lequel on a fait fortir Madame de Saint-Vincent & Bennavent de la Baftille, le cinquieme jour après qu'ils y avoient été conduits, & l'affectation de les tenir en chartre privée pendant dix-huit jours, en attendant qu'ils fuffent décretés. Madame de Saint-Vincent, ramenée à fon appartement, y fut gardée par *Lezare, Dijon*, & autres mercénaires de la Police, & Bennavent emprifonné au Fort l'Evêque fans décret ni écrou. La premiere information du Châtelet ne prouvoit rien; néanmoins elle a fervi de prétexte à lancer le 16 Août contre huit domiciliés, *aux rifques, périls & fortunes de M. le Maréchal*, un décret de prife de corps, qui fut précipitamment mis à exécution *à neuf heures du foir & à minuit*, fans fe donner le tems d'en faire des copies & de le fignifier.

6°. N'eft-ce point avouer qu'il n'y avoit ni Lettres de cachet ni ordre du Roi contre des citoyens qui n'étoient point criminels d'Etat? d'ajouter tout de fuite cette finguliere excufe : * *Le public entier dépofera de la fageffe, de la douceur & de l'honnêteté avec lefquelles M. de Sartine, alors Lieutenant-Géné-*

ral de Police , exerçoit les fonctions de cette place , &
de son discernement dans le choix des Officiers qu'il em-
ployoit pour l'exécution des ordres du Roi ET DES
SIENS.

MADAME DE SAINT - VINCENT ajoutera avec
plaisir à tous les éloges que mérite M. de Sartine ;
mais s'il n'avoit aucun ordre du Roi, & que ce soit
en vertu *des siens* qu'il l'a fait conduire à la Bastille,
& tenue en chartre privée pendant dix-huit jours
sous la garde de ses satellites , elle ne peut pas con-
venir que ce soient *des actes de sagesse , de douceur*
& d'honnêteté.

7°. « S'il étoit permis [continue Marion] de pé-
» nétrer les raisons des ordres du Roi qui ont été exé-
» cutés contre Madame de Saint-Vincent, il seroit
» aisé de prouver que *l'affaire actuelle étoit du ressort*
» *de la Police.* Cette espece d'administration, néces-
» saire dans une grande ville, a pour objet de veil-
» ler à la sûreté journaliere des citoyens , & d'arrê-
» ter les crimes qui, trop rapides dans leurs progrès,
» causent souvent des maux auxquels il n'y a plus
» de remede ».

Quelle confusion d'idées des ordres du Roi &
de ceux du Lieutenant de Police. Lequel des deux ,
parlez net , Marion , & sans tergiverser ? Si vous
prouvez que ce sont des ordres du Roi non-surpris ,
le respect fermera la bouche à Madame de Saint-
Vincent ; mais si ce sont ceux du Lieutenant de Police que vous regardez comme ordre du Roi , elle
soutient son incompétence notoire. Ne diroit-on pas

qu'il s'agiſſoit d'aſſemblées nocturnes, d'aſſaſſinats prémédités, de projets d'incendies ? Que le Lieutenant de Police par ſa vigilance en préſerve les citoyens, c'eſt ſon devoir ; mais qu'il ſe mêle d'affaires contentieuſes & d'inſcriptions de faux entre particuliers, qu'il les empriſonne, les mette en chartre privée, faſſe appoſer des ſcellés, enlever de force des papiers, lettres & billets dans l'intérieur de dix maiſons, qu'il entende des témoins, nomme des Experts-vérificateurs d'écritures, c'eſt ſe moquer du ſens commun que de lui en ſuppoſer la compétence. De pareilles entrepriſes troublent plutôt qu'elles n'aſſurent la tranquillité & la ſûreté publique.

« Mais Madame de Saint-Vincent méditoit ſa
» fuite ; il étoit important de la prévenir : l'eſcro-
» querie ſe joignoit au crime de faux : 140000 liv.
» d'effets déniés par M. le Maréchal étoient déjà
» négociés malgré les défenſes de M. de Sartine ; la
» place en étoit inondée. *Dans le doute au moins où*
» *l'on étoit de la ſignature des billets*, il étoit du de-
» voir de M. de Sartine d'empêcher que d'honnêtes
» citoyens fuſſent expoſés à perdre leur fortune. »

LE réſultat de cette tirade eſt, que *dans le doute* ſi des billets ſont vrais ou faux, & avant qu'ils ſoient même attaqués, il eſt du devoir du Lieutenant de Police de commencer par empriſonner une Dame de qualité & un Négociant, d'enlever furtivement tous leurs papiers, &c. Grand Dieu, où en ſerions-nous ſi cette inquiſition prenoit racine en France !

Madame de Saint-Vincent vouloit fuir ; quelle

merveille, qu'une femme ait peur d'un Général d'Armée qui la menace, & des troupes de soldats qui l'environnent!

Il y avoit escroquerie, crime de faux ; c'est décider la question par la question : elle est entiere ; la Cour seule peut la juger. Le Lieutenant de Police n'en avoit pas le droit, ni de faire [comme on l'allegue sans preuve] des defenses de négocier des billets. Que deviendroit le commerce, si cette funeste Police en arrêtoit le cours ?

Les Observations de l'Intendant de M. le Maréchal étant l'extrait de son ample Mémoire & des Interrogatoires imprimés, c'est avoir démonté toutes ces batteries que de s'en tenir aux Réponses qu'on vient d'y faire. L'état actuel du Procès se réduit à cinq objets, qui étant déjà traités par différens Mémoires & Requêtes, ne doivent être ici que rappellés succinctement.

Le premier, la liberté provisoire des Accusés ; le second, la Plainte en subornation des témoins ; le troisieme, les nullités radicales ; le quatrieme, la demande en prise à partie du Commissaire Chenon & du Lieutenant-Criminel ; le cinquieme, la dénonciation du rapt de violence fait aux parens *de la pauvre petite victime*, que M. le Maréchal retient depuis huit mois *dans un cachot* bien plus horrible que ceux des Couvens de Milleau & de Tarbe, dont il se glorifie de l'avoir enlevée.

Signé, VENCE DE SAINT-VINCENT.

LESENESCHAL, Procureur.

De l'Imprimerie de DIDOT, 1775.